AF339647

66
83

Visite aux Enfants Crétins

DE L'ABENDBERG,

DANS

le Canton de Berne.

VISITE AUX ENFANTS CRÉTINS

DE L'ABENDBERG,

Dans le canton de Berne.

LECTURE

Faite le **14 Décembre 1851**, dans la séance publique de
la Société Nationale de Médecine de Marseille,

PAR

LE DOCTEUR SEUX,

Médecin en chef de l'hospice de la Charité de Marseille, Professeur sup. à l'école préparatoire de médecine et de pharmacie de cette ville, Membre du conseil d'hygiène publique et de salubrité du 1er arrondissement du département des Bouches-du-Rhône, etc.

Facta loquuntur.

TROXLER.

MARSEILLE.

IMPRIMERIE ET LITHOGRAPHIE VIAL,
Rue Thiars, 8.

1852.

VISITE

Enfants Crétins de l'Abendberg,

Dans le canton de Berne.

Le Crétinisme est un des maux les plus cruels qui puisse affliger l'espèce humaine, il jette le corps et l'âme dans l'inertie la plus déplorable. « Cette infirmité, dit le docteur Troxler, plonge l'homme dans le dernier degré de l'idiotie, elle le ravale beaucoup au dessous de la brute, tant sous le rapport intellectuel que sous le rapport moral. Le corps présente les plus graves désordres organiques avec des symptômes de rachitis, de scrofules, souvent d'épilepsie et do paralysie. Le crâne est le plus souvent déprimé vers le haut et par derrière, la face allongée par le bas. Les traits sont irréguliers et difformes, les yeux souvent affectés d'un double strabisme et de mouvements convulsifs, les lèvres gonflées, le net aplati et large, les dents sales, cariées, la peau flétrie, brune ou jaune, les cheveux décolorés, plats ou très crépus. La vue et l'ouïe sont affaiblies, parfois complétement émoussées. Ces malheureux ne savent ni parler, ni marcher, ne poussent que des sons inarticulés, leur allure est lente, chancelante et incertaine, les mains et les pieds sont difformes, souvent rugueux.

« Il faut leur donner à boire et à manger ; mais le goût et l'odorat sont émoussés aussi bien que le toucher. Les excrétions urinaires et alvines s'exécutent involontairement. La plupart d'entre eux sont de petite taille et mal bâtis, ou bien ce sont de grosses masses informes. Toujours valétudinaires, rarement ils parviennent à une vieillesse avancée, ils sont souvent affligés de hernie, de goître, de bosse et sont incapables d'aucun travail d'esprit ni de corps. (1) »

Voilà le crétinisme complet ; mais cette infirmité présente une foule de nuances depuis le plus léger degré de faiblesse intellectuelle et de détérioration physique jusqu'à l'état si bien décrit dans le passage que je viens de citer. On peut dire, pourtant, qu'au milieu d'une certaine variété de formes, le fond est toujours le même, ce n'est qu'une question de plus ou de moins. C'est ainsi que dans la même famille on voit un crétin complet, un demi-crétin et un individu dont l'intelligence est à peine affaiblie.

Le crétinisme qui existe sur tous les points du globe à l'état sporadique ou d'isolement est, comme on le sait, endémique dans certaines contrées. Combien sont à plaindre les populations décimées par ce terrible fléau ! aussi des philanthropes, des médecins, des administrateurs ont-ils cherché à découvrir la cause d'une si triste infirmité, pour arriver à en détruire le germe. De Saussure, Fodéré, que notre Société s'honore d'avoir possédé comme secrétaire, M. de Rambuteau, ont été des premiers à éclaircir un sujet si digne d'intérêt (2), et depuis quelques années plusieurs médecins suisses, allemands, anglais, italiens et français sont venus ajouter de nouvelles recherches à celles de ces hommes éminents (3).

Aussi on possède aujourd'hui des documents précieux sur le point le plus important de la question, l'étiologie de cette maladie.

Or, il suffit d'avoir lu avec attention ce qu'on a écrit sur les causes du crétinisme, pour être amené sans efforts, à faire une remarque qui me paraît de la plus haute importance, c'est que parmi les circonstances qui accompagnent son développement, la plus fréquente est sans contredit la disposition des lieux où il s'établit. L'observation démontre, en effet, que presque tous les pays où il règne, présentent une analogie topographique frappante. En Ecosse, en France, en Bavière, dans le Wurtemberg, en Autriche, en Piémont, on voit les crétins principalement dans les vallées profondes, étroites et humides, où les brouillards séjournent, où le soleil n'arrive qu'avec peine et souvent ne paraît que pendant quelques mois de l'année. D'après de Saussure , les villages situés à mille mètres au-dessus du niveau de la mer ne présentent pas de crétins; on peut dire que cette règle est vraie, car elle ne présente que de rares exceptions.

De plus , il est positif que le nombre des crétins a diminué dans les vallées où l'on a encaissé les rivières, défriché les bois, où l'on a changé la position des habitations, rendu meilleur le régime alimentaire des habitants, en un mot , où l'on a cherché à neutraliser l'influence locale , au moyen d'une bonne hygiène. Au contraire dans les vallées où rien n'a été fait pour améliorer le sort des habitants, toutes les dispofions locales vicieuses augmentant par leur prolongation, on a vu le crétinisme faire de grands progrès.

Une remarque encore bien importante à faire, c'est que d'après Fodéré, « lorsque les enfants nés de parents crétins , sont envoyés sur la montagne, où l'air est sec et vif, ils reviennent au bout de quelque temps plus sains et plus alertes, que ceux qui sont allaités dans les vallées. » (4) J'ajouterai que depuis les travaux de ce professeur illustre , on a observé que les personnes qui ne sont pas nées dans les lieux où le crétinisme est endémique et qui parfaitement bien portantes viennent les habiter dans l'âge adulte finissent souvent par être frappées de cette détérioration morale et physique , en voici un exemple pris entre plusieurs autres :

« Le propriétaire actuel du domaine de la seigneu-
rie d'Albeck, ci-devant militaire, après avoir fait l'a-
chat de ce bien, y arriva ainsi que sa première femme,
frais et bien portant. Celle-ci y est morte goîtreuse et
à demi-crétine , et le propriétaire avec sa seconde
femme ont aussi passé au demi-crétinisme. Les cinq
enfants du premier lit sont tout à fait hébétés , leur
col est épais et leur corps raide. Les enfants du second
lit, l'un âgé de trois ans , l'autre d'un an , sont, il est
vrai , encore en bonne santé , mais doivent s'attendre
au même sort que leurs frères aînés , car ces derniers
aussi étaient bien portants dans le bas-âge.» (5)

On pense aussi généralement que les enfants ne
naissent pas crétins, c'était l'opinion d'Esquirol, mais
qu'ils le deviennent à la seconde , quelquefois à la
quatrième ou cinquième année , c'est-à-dire après
avoir été soumis, pendant un certain temps, à l'influence de la localité.

Aux observations qui précèdent, j'ajouterai les ré-
flexions suivantes :

Quelques personnes pensent que les eaux de neige
et de glace, bues dans les vallées, sont la cause principale du crétinisme ; mais s'il en était ainsi, les habitants des montagnes élevées, comme l'a fait observer
De Saussure, qui boivent des eaux provenant de la
même origine seraient tout aussi bien attaqués par

cette maladie que ceux des vallées , et l'expérience
démontre le contraire. Cette opinion est donc une pure hypothèse (6). Voici du reste un fait qui prouve une
seconde fois la vérité de mon assertion : « A Saint-
Vincent où l'eau potable est excellente , il y a beaucoup de goîtreux et de crétins ; tandis que dans les
villes d'Ivrée et d'Aoste où les habitants boivent
l'eau trouble de la Dora Baltea , il n'y en a presque pas (7). »

Fodéré considérait l'hérédité comme une cause essentielle du crétinisme, M. Ferrus partage entièrement cette manière de voir. Sans doute l'opinion
d'hommes aussi haut placés dans la science est pour
moi d'un grand poids ; mais bien qu'il y ait des fa-
milles où tous les membres sont marqués au coin de
cette infirmité , puisqu'en éloignant les enfants du
lieu où elle est endémique on voit chez eux s'effacer
peu à peu les traces de cet état , tandis que ceux qui
restent dans le pays natal deviennent tout-à-fait crétins, il est évident que ce n'est pas l'hérédité qui produit la maladie , ou du moins doit-on la regarder
comme une cause secondaire et simplement prédispo-
sante. D'ailleurs on voit assez souvent des crétins dont
les parents étaient sains et des parents frappés de crétinisme qui ont donné le jour à des enfants bien portants. De plus , quelques faits prouvent que des personnes en bonne santé qui sont venues s'établir dans

les lieux où le crétinisme est endémique ont eu des enfants crétins. Par conséquent, l'hérédité n'est pas la cause principale de cette cruelle infirmité.

Des considérations dans lesquelles je viens d'entrer, ne résulte-t-il pas de la manière la plus évidente, que la cause essentielle, déterminante du crétinisme ne peut se trouver que dans l'habitation de ces vallées profondes, étroites et humides, où la proscription des règles les plus simples de l'hygiène vient augmenter les effets désastreux de la position topographique? Dès lors, n'est-ce pas là principalement qu'il faut chercher l'explication du développement de cette maladie?

Dans ces localités l'air est vicié, la lumière n'est jamais pure, la respiration d'abord, l'hématose ensuite se font incomplétement, la nutrition est alors nécessairement en souffrance et des aliments insuffisants par leur qualité viennent encore aggraver ces fâcheux résultats. Sous cette funeste influence, les globules sanguins diminuent, les systèmes nerveux et musculaire sont arrêtés dans leur développement chez l'enfant, et s'atrophient chez l'adulte, les os se ramollissent et se courbent par la diminution de la fibrine et du phosphate calcaire, le système lymphatique au contraire se développe outre mesure, et la glande thyroïde devient le siége de cette hideuse dégénérescence connue sous le nom de goître. C'est ainsi que les scrofules, le rachitisme, et en dernière analyse le crétinisme , tous trois enfants de la même famille, s'établissent dans certains pays.

Le crétinisme est donc une maladie *totius substantiæ*, différant en cela de l'idiotie qui n'a son siége que dans le cerveau (8). Dans le crétinisme cet organe n'est malade que secondairement , il l'est primitivement dans l'idiotie. Chez l'enfant idiot l'organe de la pensée est incomplet, il y a chez lui vice de conformation incurable, chez l'enfant crétin au contraire l'altération cérébrale jusqu'à ce jour mal appréciée qui se manifeste au dehors par un état de torpeur est susceptible de guérison (9). Il faut pourtant ne pas oublier que si on laisse cet engourdissement cérébral livré à lui-même, le plus souvent il ne fait qu'empirer et un état intellectuel négatif en tout semblable à la vraie idiotie en devient la conséquence.

Il est donc très important de s'occuper de bonne heure des sujets entachés de crétinisme. De Saussure, Fodéré , Wensel etc. l'avaient bien compris lorsqu'ils donnaient le conseil de transporter sur les hauteurs les enfants qui en présentaient les premiers symptômes. Des expériences isolées ont démontré depuis la bonté de ce conseil ; mais jamais on n'avait eu la pensée de réunir les enfants atteints de cette triste infirmité dans un établissement spécial pour les soumettre en commun à un traitement rationnel et méthodique basé sur ces bons principes.

Le pasteur Haldenwang de Wildebred, en Wurtemberg, a l'honneur d'avoir le premier ouvert aux
philanthropes cette voie nouvelle; mais c'est réelle-
ment à M. le docteur Guggenbühl qu'on doit l'organisation des établissements de ce genre.

Ayant entendu parler des succès obtenus par ce
médecin, j'éprouvai un grand désir de faire sa connaissance, de causer crétinisme avec lui et surtout de
le voir au milieu de ces pauvres petites créatures
qu'il retire peu à peu de la nuit profonde dans laquelle leur intelligence est plongée. C'est pourquoi
me trouvant l'été dernier, à quelques lieues de son
établissement, je ne laissai pas échapper une si belle
occasion de le visiter.

Les résultats obtenus par M. Guggenbühl ont été
publiés dans divers rapports écrits en allemand, im-
primés en 1843, 1846 et 1851, et traduits pour la
plupart en français; ce n'est pas ici le lieu d'en faire
une analyse qui d'ailleurs a déjà été faite par d'autres; simple narrateur, je vais m'en tenir à ce que
j'ai vu, à ce que j'ai entendu.

Au midi du canton de Berne, dans le magnifique
pays appelé l'Oberland, se trouve une des plus jolies
vallées qu'on puisse voir dans le monde, c'est celle
d'Interlacken. Placée, comme son nom l'indique, entre deux lacs, celui de Thun et celui de Brientz, elle
est largement ouverte vers ses extrémités est et ouest

et ne se resserre que vers le centre. Par le fait de cette disposition, l'air s'y renouvelle constamment avec d'autant plus de facilité que l'Aar, rivière au cours rapide, là parcourt dans toute sa longueur, tandis que un autre cours d'eau, la Lutschine, longe une partie de la vallée dans une direction toute contraire. Au nord et au midi, la vallée d'Interlacken est fermée par de hautes montagnes sur lesquelles domine le beau glacier de la Jungfrau, elle a cependant dans tous ses points assez de largeur pour que les rayons du soleil arrivent partout librement. Au sud-ouest, au point où la vallée s'ouvre sur le lac de Thun, s'élève l'*Abendberg*, en allemand, montagne du soir. C'est sur cette belle sommité, couverte de bois coupés par des prairies, que se trouve la maison d'asile des crétins.

Après deux heures de marche, par un chemin escarpé, mais d'un accès facile, j'arrivai chez le docteur Guggenbühl, dont je n'oublierai jamais la franche et aimable hospitalité. Ce médecin est un jeune homme à physionomie douce et avenante, son œil bleu exprime la bonté intelligente d'un homme de bien, son sourire est gracieux et mélancolique en même temps.

J'étais encore étudiant, me dit-il, indécis sur mon avenir, je parcourais la Suisse, un bâton à la main, admirant comme tout homme sensible, les beautés innombrables que le créateur a prodiguées à ce pays, lorsque dans un village du canton d'Uri, je vis un vieux crétin bégayant une prière devant une image de la Vierge. Cet aspect m'ayant ému vivement, décida ma vocation, en me donnant la pensée qui depuis lors n'a plus quitté mon esprit, celle d'améliorer le sort des crétins.

Comme je lui faisais compliment sur la générosité avec laquelle il sacrifiait sa jeunesse dans son désert de l'Abendberg, c'est une mission que je remplis, me répondit-il avec un sourire que l'esprit religieux pouvait seul inspirer.

Cette prière du vieux crétin avait fait penser à M. Guggenbühl, que tout germe intellectuel n'étant pas détruit dans cette classe d'individus, on pouvait, en s'y prenant à temps, espérer de rendre à la vie civile des êtres qui en étaient complétement éloignés.

Pénétré de l'idée que l'habitation des vallées profondes était la cause principale des troubles physiques et moraux qui sont l'apanage des crétins, il pensa qu'en plaçant ceux-ci dans une localité dont la position serait complétement opposée à celle sous l'influence de laquelle leur infirmité s'était développée, il stimulerait leur corps affaibli et réveillerait leur âme endormie. D'ailleurs, il était encouragé par l'opinion des hommes les plus distingués et par les résultats isolés obtenus en divers lieux. Mais il crut en même temps, que pour atteindre plus complétement son but , pour instituer un traitement méthodique, la création d'un établissement spécial était indispensable. Alors il se mit à chercher une localité convenable; après de nombreuses excursions dans toute la Suisse, il fit choix de l'Abendberg.

Dans une des plus belles situations de la montagne, à mille mètres au-dessus du niveau de la mer, il rencontra sur un plan incliné fort doux de beaux pâturages arrosés par des eaux abondantes. Ce fut dans ce beau désert qu'il dressa sa tente et qu'il fit construire sa maison de santé , bâtiment simple, mais vaste et commode, qui, par ses dispositions intérieures et son excellente position , pouvait satisfaire aux exigences physiques indispensables à son œuvre. Sur cette hauteur , me dit M. Guggenbühl , l'hiver est modéré, le vent du Sud souffle souvent, les vallées voisines sont couvertes de brouillards, tandis que les rayons du soleil nous échauffent de leur doux contact. Les exigences morales , si je puis dire, se trouvaient aussi dans cette localité ; car que peut-il y avoir de plus capable de stimuler doucement l'intelligence renaissante d'un jeune crétin, si ce n'est le spectacle grandiose qu'on a constamment sous les yeux du sommet de l'Abendberg, la magnifique Jungfrau , avec ses glaces éternelles, la vallée d'Interlacken si gracieuse et ses nombreux villages , les deux lacs de Thun et de Brientz , et puis les splendides levers et couchers du soleil dont aucune description ne peut donner l'idée. Le choix du site ne pouvait être fait d'une manière plus intelligente, il était parfait.

Les succès obtenus au bout de quelques années par le docteur Guggenbühl ont prouvé qu'il ne s'était pas trompé dans ses espérances, et la vérité de ses doctrines ne peut plus aujourd'hui être mise en doute, car dix ans se sont écoulés depuis qu'il a commencé à ouvrir les portes de son asile aux jeunes crétins de tous les pays ; trois cents enfants y ont été soignés, par conséquent on peut, dès à présent, porter un jugement sur son œuvre.

Il y a aujourd'hui dans l'asile une trentaine d'enfants dont le plus jeune a trois ans et le plus âgé douze. La maison ne pourrait pas en loger davantage pour le moment ; mais bientôt M. le Directeur compte en admettre jusqu'à quarante grâce à un nouveau bâtiment actuellement en construction. Ce sera là son chiffre le plus élevé, car il lui serait impossible de donner des soins assidus à un plus grand nombre d'enfants ; il me disait en effet, qu'il lui fallait presque autant d'employés qu'il avait de crétins. On n'en est pas surpris quand on a vu ces malheureux dont un grand nombre ne peuvent ni marcher, ni manger; sur trente il y en a six qui n'ayant aucune force dans leurs membres tordus par des rétractions musculaires doivent avoir constamment auprès d'eux une femme

chargée de les soutenir par les bras , et les autres ,
sauf trois ou quatre qui sont à la fin de leur traitement, ont aussi besoin d'une surveillance active , car
tous sont atteints de crétinisme à des degrés plus ou
moins avancés. Il y a à l'Abendberg à peu près autant de filles que de garçons , deux tiers sont formés
par les suisses et l'autre tiers se compose de français,
d'anglais, d'italiens , c'est dire que l'établissement
est ouvert à toutes les nations. Je me fais un plaisir
d'ajouter qu'il l'est aussi à toutes les fortunes , que le
pauvre et le riche y reçoivent les mêmes soins.

Ces enfants sont tous issus de parents intelligents,
et sur les trois cents admis depuis la création de la
maison, M. Guggenbühl en a reçu un très petit nombre nés de crétins , de sorte que ce médecin qui n'a
jamais considéré l'hérédité comme cause essentielle
du crétinisme voit aujourd'hui cette opinion confir-
mée par sa propre expérience. Pourtant quelques-
unes des mères de ces enfants étant atteintes de goître , il pense qu'elles ont pu disposer ces derniers à
devenir malades. On sait , en effet , que le goître qui
existe chez un certain nombre de crétins, le tiers à
peu près , et plus souvent chez les femmes que chez
les hommes , se rencontre aussi très fréquemment
dans les lieux où la maladie est endémique chez des
individus d'ailleurs bien portants, de sorte qu'on peut
denser que cette difformité qui n'est pas un signe es-

sentiel du crétinisme a cependant avec lui des rela-
tions intimes et constitue une prédisposition qui
pourrait passer d'une mère à ses enfants.

A la maison de l'Abendberg il n'y a pas un goîtreux,
par la raison que le goître ne se développe jamais
avant l'âge de la puberté, il se montre à quinze ans
au plus tôt; à peine trouve-t-on avant cet âge, et cela
très rarement, un peu d'épaississement dans le tissu
cellulaire qui entoure la glande thyroïde.

Les pensionnaires de l'asile sont soumis à un traitement dont l'élément essentiel se trouve dans l'air
pur de la montagne que rien ne peut remplacer. C'est
bien ici le cas de dire avec Hippocrate (10), que l'air
est le premier aliment de la vie, *aër pabulum vitœ.*
Pour les enfants qui sont atteints d'un léger degré de
crétinisme, cet air de la montagne suffit; mais combien il y a de malheureux chez lesquels le concours
d'autres moyens est indispensable ! les rachitiques,
les scrofuleux atteints de plaies et d'engorgements
glandulaires, les enfants dont les facultés intellectuelles sont dans la torpeur la plus complète ont besoin
d'être traités avec une plus grande énergie ; pour les
uns, il faut des médicaments spéciaux, pour les autres
une direction intellectuelle toute particulière, dans la
plupart des cas ces deux ordres de moyens curatifs
sont indispensables.

M. Guggenbühl a une grande confiance dans l'action directe du soleil ; presque tous ses enfants, étendus entièrement nus sur des lits, y sont exposés tous les jours à midi pendant une heure et demie environ. Au moment de mon arrivée dans la maison , une huitaine d'entre eux prenait ce bain de soleil ; leur tête était garantie au moyen d'un chapeau de paille et on frictionnait toute la surface de leur corps avec du beurre ou des substances excitantes. Il fallait voir avec quelle touchante bonté le docteur distribuait soit les éloges soit le blâme suivant la manière dont ces petits êtres m'accueillaient à mesure que je m'approchais d'eux, l'un me faisant toutes ses grâces , l'autre voulant accrocher mes vêtements , un troisième plus entreprenant cherchant à m'égratigner , plusieurs n'ayant pas l'air de se douter de ma présence. Jamais on n'a vu d'accidents déterminés par l'insolation, jamais d'inflammation, pas même de congestion des centres nerveux, au contraire les enfants qu'on n'expose pas au soleil se trouvent moins bien.

Le médecin de l'Abendberg emploie aussi les bains aromatiques dans lesquels il fait passer un courant galvanique, ces bains administrés tous les jours doivent être chauds ; les crétins se trouvant fort mal de l'eau froide. Quelquefois aussi il soumet les malades à l'influence de l'électricité magnétique. Il fait un grand usage de l'huile de foie de morue chez les rachitiques et les scrofuleux , il est au contraire très

sobre d'iode à cause de la propriété qu'à cette subs-
tance de déterminer l'atrophie des organes , disposition que le crétinisme engendre par lui-même ; lorsqu'il croit ne pas pouvoir se passer des préparations
d'iode , il donne de préférence le sirop d'hydriodate
de fer.

Les promenades sur la montagne pour ceux qui
peuvent en faire sont de règle commune ; quant aux
malades qui ne peuvent marcher on les maintient
toute la journée à l'air libre , lorsque le temps le
permet.

Le régime de la maison est presque exclusivement
animal.

Il est facile de voir que les moyens employés par le
directeur de l'Abendberg sont tous tirés de la classe
des excitants. Il faut en effet, chez les crétins, donner du ton aux organes ; mais ce n'est là qu'une portion de la tâche , le moral exige aussi des soins spéciaux et ce n'est pas la partie la moins difficile du traitement , aussi M. Guggenbühl fait-il de la gymnasti-
que intellectuelle l'objet d'une grande et sérieuse attention.

Ce médecin pense que si chez l'enfant en général ,
il y a avantage à laisser dans les premières années les
facultés intellectuelles se développer pour ainsi dire
d'elles-mêmes en même temps que les facultés physiques , on doit au contraire chez le crétin s'occuper

de bonne heure de l'intelligence , car chez lui le cerveau est dans un tel état de torpeur que si on le lais-
sait trop longtemps dans cette fâcheuse disposition, il
ne serait plus possible après quelques années d'obtenir de lui le moindre exercice. Il est donc très important pour le crétin qu'on fasse marcher de front le
traitement physique et le traitement intellectuel; mais
il faut user avec lui de grandes précautions, ce n'est
que peu à peu et sans secousse qu'on doit réveiller
son intelligence ; en ne l'occupant d'abord que des
objets qui frappent les sens, puis en le faisant arriver
à la connaissance des lois les plus simples de la morale, la distinction du bien et du mal , par exemple.
C'est ainsi qu'avec de grands ménagements on com-
mence cette pénible instruction.

J'ai pu juger par moi-même, dans la salle de l'asile
destinée aux classes, avec quelle patience, avec quelle
attention délicate les dames auxquelles les enfants
sont confiés, les dirigent dans leurs petits travaux in-
tellectuels. Combien j'ai été touché à la vue de ces in-
téressantes créatures cherchant à briser les entraves
qui liaient leur intelligence! Là, c'était un petit garçon qui commençait à peine à bégayer le nom de Dieu,
ici, une petite fille qui était toute fière d'avoir pu
compter jusqu'à dix au moyen de petites boules de
bois, plus loin un garçon qui après un travail de
plusieurs années était parvenu à lire couramment,

puis un autre au front aplati qui malgré ses huit ans
paraissait tout joyeux d'avoir pu prononcer devant
moi quelques mots d'une manière intelligible ; d'autres beaucoup plus avancés étaient occupés d'objets
plus sérieux. Progressivement on fait arriver ces enfants à l'étude de l'histoire et de la géographie ; on
donne même à ceux qui ont de bonnes dispositions
quelques notions d'histoire naturelle. Un excellent
exercice intellectuel consiste, me disait M. Guggenbühl, à leur faire observer des plantes sèches dans un
herbier, puis à les conduire sur la montagne pour les
leur faire reconnaître sur la plante fraîche.

La vie de famille, qui est celle des habitants de l'A-
bendberg, contribue beaucoup à faciliter leur développement intellectuel, le directeur y attache une grande
importance.

C'est à l'aide de ces moyens combinés avec une
grande sagacité, que M. Guggenbühl est arrivé à
voir ses efforts couronnés des plus beaux succès. En
effet, beaucoup de crétins amenés à l'établissement à
l'âge de deux, trois, quatre ans en sont sortis dans
un état si satisfaisant, que depuis lors ils peuvent sui-
vre les écoles publiques, où même plusieurs d'entre
eux se font remarquer par leur intelligence. Ceux qui
ne sont entrés dans l'asile que vers la dixième, dou-
zième année, n'ont pas généralement donné des résultats aussi complets, mais chez tous il y a eu amé-

lioration intellectuelle, et ceux dont le physique était dans un état très avancé de maladie, rachitisme, scrofules, ont presque tous vu leur constitution complétement modifiée de la manière la plus avantageuse. Les microcéphales ont été les plus réfractaires au traitement, pourtant leur position s'est quelquefois améliorée, quelques-uns ont fini par connaître les personnes, manger seuls.... Ces enfants ayant aujourd'hui, pour la plupart, quitté la maison depuis assez longtemps, quatre ou cinq ans au moins, on peut être assuré que l'état satisfaisant dans lequel ils étaient à leur sortie se maintiendra, il est d'autant plus permis d'avoir cette assurance que M. Guggenbühl n'a pas encore vu de rechute après l'âge de sept ans. Mais pour que d'aussi beaux résultats soient obtenus, certaines conditions dont l'exposé exige de ma part quelques développements sont nécessaires :

Ainsi, dès qu'on s'aperçoit chez un enfant du moindre signe de crétinisme, physionomie stupide, paresse intellectuelle, difficulté de parler, apathie, peine à marcher, il faut le plus tôt possible le soustraire aux causes qui produisent cet état, le faire monter de la vallée sur la montagne. L'âge le plus favorable au traitement est celui de deux, trois, quatre ans, à cet âge, comme je l'ai observé, le succès peut être complet même chez les sujets qui présentent les dispositions les plus évidentes au crétinisme : dépression des

tempes , saillie des bosses occipitales et pariétales ,
aucune espèce de tendance à parler , impossibilité de
marcher , rachitisme , engorgements glandulaires ,
émission involontaire des matières excrémentielles...
tandis que ces enfants, abandonnés à eux-mêmes, deviennent toujours les crétins les plus complets. Plus
on s'éloigne des premières années et plus on diminue
les chances de succès , pourtant jusqu'à douze ans
on peut conserver des espérances , surtout quand le
sujet présente quelques traces d'intelligence ; après
cet âge il n'y a plus rien à espérer , les lésions maté-
rielles existent depuis trop longtemps pour que le cerveau puisse être tiré de sa torpeur.

Mais , pour savoir le degré d'espérance qu'on peut
fonder sur le traitement , il faut, non-seulement tenir
compte de l'âge de l'enfant , mais aussi du degré de
son infirmité. M. Guggenbühl établit à ce sujet trois
catégories :

1° Les imbéciles.

2° Les idiots.

Dans ces deux classes, le cerveau est seul malade.

3° Les scrofuleux ou rachitiques, dont l'intelligence est plus ou moins profondément altérée.

Pour le médecin de l'Abendberg , le vrai crétin est
celui de la troisième catégorie; pourtant les individus
des deux premières appartiennent aussi à cette malheureuse classe d'hommes qu'on désigne sous le nom

de crétins , parce qu'on les rencontre tous dans les mêmes localités et que leur infirmité s'est développée sous l'influence des mêmes causes. Comme je l'ai dit en commençant , on trouve quelquefois dans la même famille des sujets pour chacune de ces trois catégories.

Les crétins rachitiques sont ceux qui guérissent le plus facilement , les imbéciles et les idiots , ceux qui restent les plus rebelles au traitement.

Voilà pour les chances de guérison les deux extrêmes ; mais il est facile de comprendre qu'il y a une foule de nuances intellectuelles intermédiaires qui font varier les espérances , il est évident que ceux dont l'intelligence est la moins obtuse sont aussi ceux qui guérissent le plus vite et le mieux. Dans tous les cas, ces résultats avantageux ne peuvent s'obtenir que lentement ; plusieurs années sont nécessaires à la transformation de l'individu. Le médecin suisse fixe à trois ans au moins , le temps que les enfants doivent passer dans l'asile, il a vu rechuter tous ceux qui ont été retirés avant ce terme bien qu'à leur sortie on eut pu les croire guéris.

En présence des succès obtenus à l'établissement de l'Abendberg , pourrait-on donner trop d'éloges à son habile directeur qui , nouvel Abbé de l'Epée, a cherché avec un noble dévouement à faire pour les crétins ce que cet homme illustre avait fait pour les sourds-muets ?

Le premier, il est arrivé par un traitement méthodique et rationnel, à changer la vie végétative d'un
grand nombre d'êtres, enfants de Dieu comme nous,
pour la vie active qui est l'apanage des bons pères de
famille, des bons citoyens, en un mot, des hommes
utiles à l'humanité. Jusqu'à lui rien de semblable
n'avait été obtenu, et l'on ne peut pas considérer
comme propres à atteindre le même but, les grandes
et belles maisons d'aliénés de Paris et d'autres grandes villes, où se trouvent quelques crétins perdus
dans la foule; en effet, l'indication la plus importante
du traitement, ne saurait y être remplie, car on n'y
trouve pas un *Abendberg*.

Plusieurs gouvernements, un grand nombre de
philanthropes ont soutenu de leurs encouragements,
de leur protection et de leurs secours pécuniaires,
l'œuvre du médecin suisse, et son exemple a trouvé
des imitateurs. Pouvait-il en être autrement, lorsque
le crétinisme fait tant de victimes en Europe? En
Ecosse, par exemple, le nombre des crétins est assez
considérable pour que l'Angleterre ait cru nécessaire
de créer deux établissements destinés à l'amélioration
de leur sort. Je sais que de plus une troisième maison qui pourra contenir trois cents malades, est dans
ce moment en construction dans les environs de Lon-
dres. En Allemagne, plusieurs maisons importantes ont
été créées sur le modèle de celle de l'Abendberg.

La France , au milieu de ses belles montagnes , en Auvergne, dans le Jura , dans les Alpes, dans les Pyrénées , en Bretagne même , quoique moins malheureuse sous ce rapport que d'autres contrées, renferme pourtant aussi des crétins. Mais à côté du mal, elle possède le remède , elle qui compte parmi ses enfants tant de belles iutelligences , tant de cœurs nobles et généreux ; déjà elle a produit sur ce sujet des travaux scientifiques d'une grande importance , il suffit de nommer Fodéré , Esquirol , MM. Ferrus , Morel , Niepcé, Baillarger, il suffit de se rappeler les graves discussions de l'Académie de médecine , pour avoir la conviction que la France a pris depuis longtemps à cœur une question mise aujourd'hui à l'ordre du jour des nations. Aussi , fera-t-elle pour ses pauvres parias ce que d'autres gouvernements ont déjà entrepris ; elle peut même faire plus , car c'est beaucoup sans doute de rendre à la vie civile quelques malheureux interdits , mais ce n'est pourtant qu'une portion bien faible du bien qui pourrait être fait ; ce sont ces populations abâtardies au fond de leurs vallées qu'il faudrait chercher à régénérer , ce sont les causes de cette détérioration de l'espèce humaine qu'on devrait chercher à détruire. La tâche sans doute présente des difficultés , mais elle ne sont pas insurmontables, et les essais fructueux qui ont été tentés dans quelques pays sont faits pour encourager. Les causes du crétinisme étant aujourd'hui mieux appréciées, il est évident qu'on pourra par des efforts incessants arriver peu à peu à détruire cette plaie hideuse qui ronge des populations entières, comme on a détruit plusieurs maladies qui étaient engendrées par l'ignorance complète des plus simples lois de l'hygiène.

Les indications à remplir pour arriver à ce but désirable, se déduisent des causes qui engendrent et entretiennent le mal.

Voici les principales de ces indications :

Défricher les bois, dessécher les marais, encaisser les cours d'eau, éloigner des bas-fonds par l'appât de quelques avantages les habitants des vallées, exiger que les habitations aient une hauteur suffisante pour que l'air puisse aisément s'y renouveler, établir des réglements de police très sévères sur le maintien de la propreté dans les villages, faire transporter sur les hauteurs dans un asile spécial tous les enfants menacés de la maladie, chercher à faire baisser le prix des objets de première nécessité, pain de froment, viande, sel, vin, aliments que beaucoup de montagnards n'ont jamais vus de leur vie, faire naître le goût de l'industrie qui amène l'aisance, rendre les communications faciles d'un village à l'autre pour que rien n'arrête les échanges de denrées, enfin empêcher les mariages entre crétins, il va sans dire qu'il s'agit de ceux qui le sont incomplétement, car les crétins complets, contrairement à l'opinion des gens du monde , sont , tant sous le rapport physique que sous le rapport moral , complétement inaptes au mariage.

Telles sont les mesures au moyen desquelles l'extinction du crétinisme , ce rêve constant de quelques philanthropes, pourrait être peu à peu changée en réalité……

Le sujet dont je viens à peine d'effleurer quelques points est du plus haut intérêt , il soulève bien des questions encore indécises; en conséquence il méritait d'être traité plus longuement, plus savamment, comme il l'a été déjà par des plumes plus habiles que la mienne ; mais je devais me restreindre , car d'une part, mon but unique, en écrivant ces lignes, était de fixer l'attention des médecins et du public sur la curabilité du crétinisme, et d'autre part, je ne pouvais sortir du cercle toujours bien étroit d'une simple lecture.

Toutefois je ne puis terminer sans faire des vœux pour que la France, toujours disposée à adoucir le sort des classes malheureuses, vienne de toute son énergie au secours de quelques-uns de ses enfants perdus, il est vrai, au milieu du grand nombre, mais qui, à cause de leur faiblesse et de leur isolement ne sont que plus dignes de ses plus vives sympathies. (11)

NOTES

—

(1) Docteur Troxler, dissertation sur le crétinisme.

(2) On doit citer encore Raymond de Carbonières, J.-P. Ackermann, Pinel, Odet de Saint-Maurice, les frères Wenzel, Iphofen, Esquirol, Vincent Malacarne, Breschet, M. Ferrus.....

(3) Parmi les savants qui, depuis quelques années, se sont occupés du crétinisme, se trouvent MM. Ferrus, Dugast, Cerise, Maffei, Guggenbuhl, Demme, Buek, Otho-Thieme, Rösch, Troxler, Herckenrath, Berchtold-Beaupré, Twining, Michaelis, Eward Wells, Chavannes, Michael Viszanik, Duclos de Grenoble, Grange de Genève, Morel, Niepce d'allevard, Trumbutto, Baillarger.

(4) Essai sur le Goître et le Crétinisme.

(5) Rapport fait sur une enquête ouverte en 1844, à Syrnitz, près de Klagenfurth, en Autriche.

(6) M. Grange de Genève attribue le Goître et le Crétinisme à l'usage des eaux riches en sels magnésiens ; il résulte en effet de ses observations qu'aucune des eaux qu'il a analysées et qui provenaient de localités à goître ne s'est trouvée exemptée d'une assez grande quantité de magnésie.

Ce fait est, à mon avis, une simple coïncidence, et ne doit pas être considéré comme la cause de ces maladies, car dans le département des Bouches-du-Rhône, on ne rencontre ni Goîtreux, ni Crétins, et pourtant, les eaux y sont chargées d'une notable quantité de sels magnésiens.

(7) Rapport de la commission nommée par le roi de Sardaigne pour étudier le crétinisme.

(8) Il aurait été beaucoup trop long d'énumérer ici, les diverses opinions émises sur la nature du Crétinisme, qu'il me suffise de rappeler, pour donner plus de poids à ma manière de voir que plusieurs médecins distingués, MM. FERRUS et BAILLARGER entre autres, considèrent le Crétinisme comme une maladie de l'économie entière.

(9) On n'est généralement pas d'accord sur l'altération cérébrale que présentent les Crétins ; M. FERRUS soutient pourtant l'opinion, basée sur des recherches nécroscopiques complètes, qu'il y a toujours chez eux *hydrocéphalie*. Le Crétinisme parfait serait, pour lui, en dernière analyse une *hydrocéphalie œdémateuse chronique*.

(10) Hipp. liber de flatibus.

(11) Mon travail venait d'être imprimé quand le conseil d'hygiène publique et de salubrité de l'arrondissement de Marseille a reçu communication d'une lettre de monsieur le ministre de l'agriculture et du commerce contenant une série de questions relatives aux cas de Goître et de Crétinisme que présente le département. Le but de cette demande adressée probablement à tous les conseils d'hygiène, est évidemment d'ouvrir une enquête sur l'état du crétinisme en France ; vu

l'excellente organisation de ces conseils, le Gouvernement pourra avoir par ce moyen des renseignements d'une grande exactitude à ce sujet et prendre ensuite telles mesures qu'il jugera nécessaires pour l'amélioration du sort des Crétins.

Je me réjouis avec les amis de l'humanité, de la détermination pleine de philanthropie que vient de prendre le Gouvernement, détermination qui lui fait le plus grand honneur.